CHANSONNIER
DE FRAMPAS,
CHANTÉ PAR LUI ET SON ÉPOUSE.

CHANSON NOUVELLE POUR LE HÉROS
QUI RÈGNE AUJOURD'HUI SUR LA COLONNE.

Air : *Au Mont-Saint-Jena.*

Chantons en reconnaissance
De ce héros, le grand Napoléon ;
Il faisait renaître en France
De son règne toujours du nouveau.
Daus son temps nous chantions sans cesse,
Et maintenant uous regrettons ;
Mais il est toujours en mémoire,
Et son fils portera son nom.   (bis.

Refrain.

Répétons tous dans notre mémoire,
Le fils et le père des Victoires.
Chantons, chantons avec grand cœur,
Sur la colonne est-il notre empereur.   (bis).

Nous en avons des connaissances
Par les transports de notre liberté :
La presse est sans aucune défense,
Maintenant nous sommes sauvés ;

Les lois de ce petit caporal
On a voulu les rejetter :
C'est Charles X l'animal,
Lui-même s'est fait enfoncer.　　　　　(*bis*).

Répétons tons dans notre mémoire, etc.

C'est moi, monsieur, qui vous l'assure,
A lui je me suis présenté ;
Je vis son honorable coiffure
Et son petit habit galoné,
Et cette épée si redoutable :
Pour les carlistes quel crêve-cœur,
De voir sur ce piédestal notre empereur. (*bis*).

Répétons tous dans notre mémoire, etc.

COQ-A-L'ANE NOUVEAU.

Air de Gibraltar, ou *Quataçoua*.

Un jour étant dans Paris,
Je me trouvai bien surpris
De voir mam'selle Nanon
Dans son cotillon.　　　　　(*bis*).
Son ventre était bien renflé
Comme une botte de cavalier.　　　　　(*bis*).

Mademoiselle est hydropique,
Et ça vïendra par la suite
Qu'il faudra lever le jupon
Ou le fendre tout du long.　　　　　(*bis*).
Ce sera bien un grand malheur
Pour son amoureux Lafleur.　　　　　(*bis*).

Aussitôt fut transportée,
Son médecin le plus aimé,
Et celui qu'a plus de talent,
Il est bon enfant,
Ne lui demande
Que pour salaire
D'allumer son réverbère.   (*bis*).

La fille pour être garantie,
de ce mal d'hydropisie,
Elle consentit promptement
De ce contentement.   (*bis*).
Que le médecin lui proposa.
Et la tira d'embarras.   (*bis*).

Lafleur, son amoureux,
Tout aussi bête comme deux,
S'est laissé embarbouillier
Comme un charbonnier,   (*bis*).
Et on lui a fait la queue
Comme un pauvre malheureux. (*bis*).

On se retire en chantant,
En riant du bout des dents,
Avec un grand mal de cœur.
C'est le pauvre Lafleur,   (*bis*).
Qui chante bien malgré lui,
Tout aussitôt il s'enfuit.   (*bis*).

CHANSON DE FOIRE.

Air de Cécile.

C'est aujourd'hui la fête
De tous ces bons garçons,
Ils viennent à la foire
Pour acheter des chansons.

Brûlant d'amour extrême,
Toujours accompagnés
De leur jolie maîtresse,
Ils se mirent à chanter :
Tra la de ri de ra, tra la de ra, tra la de ri de ra.
La petite Victoire et son particulier,
        Se promenant, le soir,
        Eux deux pour mieux chanter,
Tra la,

        Mais elle a par malheur,
        Pour avoir trop chanté,
        Le soir à la fraîcheur
        S'être mis crier
        Tra de ri de ra la.
        Après avoir chanté
        Tra la la la la la,
        Elle se mit à jouer ;
        Mais vous ne saurez pas,
Tra la, etc.

        C'est aujourd'hui la fête, etc.

CHANSON NOUVELLE.

Air de la Rose.

La petite Lisette
Se promenant le soir
Avec sa cuisinière
En faisant leur devoir,
Dans leur chemin rencontre
Le fameux Jaquinet ;
C'est à cette demoiselle.   (*bis*).
Que j'offre mon secret.   (*bis*).

La plus jolie, sans doute,
Aussitôt s'approcha,
Regardes la frimousse
De ce fréluquet-là.
Elle vit par ses discours
Et ses nobles talens,
Qu'il ne serait pas possible   (*bis*).
Qu'il soit né paysan.   (*bis*).

C'est le jeune qui parle à la demoiselle
à son tour.

Mon aimable Victoire,
Permettez, s'il vous plaît,
De goûter à ma sauce,
Je serais satisfait
Si vous la trouvez bonne;
Je resterai chez vous,
Ne le dites à personne,   (*bis*).
On en serait jaloux.   (*bis*),

C'est la demoiselle qui parle à son tour pour
la dernière fois.

Monsieur, je vous invite
D'entrer dans mon salon
Pour y faire au plus vite
Le devoir d'un garçon.
Pour quant à la cuisine,
Je ne m'en intérerse pas ;
Faites donc au plus vite.   (*bis*).
Le devoir d'un soldat.   (*bis*).

(Le jeune homme obéit à sa particulière,
et en même temps tout est conclu et
terminé).

Mademoiselle, de suite
A vous je suis soumis,
Et je fais la poursuite
A votre bijouterie.
Je vous en rends hommage
De votre contentement;
Je cultive sans doute   (*bis*).
Le meilleur de vos champs.   (*bis*).

CHANSON DE TABLE.

Air de la Vendange.

A cette Champagne
L'on boit du très-bon vin,
Ce n'est pas de la godaille
Comme celui de mon voisin.
Je l'ai pris l'autre jour
Qui mettait de la chaux ;
Il dit : je vais enduire,
C'est un essai nouveau.

Refrain.

Je connais son affaire,
Il y a plus de vingt-cinq ans
Qui nous fait toujours boire
Boire et boire de ce petit vin blanc.

Crainte que l'on ne me trompe
Chez ces cabaretiers-là,
Je demande du rouge,
C'est bon pour l'estomac ;

J'ai trouvé du bois d'Inde
Cachant le cul de mon verre,
C'est à nous de le voir,
Voilà comme ils font boire.

Je connais leur affaire, etc.

Ma femme me gronde
Pour tous ces cabaretiers ;
Mais puisqu'ils me trompent,
Chez nous je resterai ;
Étant dans ma chaumière,
Je saurai toujours boire
De ce bon vin clairet
Qui ne sera pas fraudé.

Je connais leur affaire ;
Il y a plus de vingt-cinq ans
Qu'ils nous font toujours boire,
Boire et boire de ce petit vin blanc.

CHANSON D'AMOUR.

Air de Lizette.

Un jour ma charmante Lisette
Voulait faire un petit bouquet,
Elle s'assit dessus l'herbette
Et s'endormit dans le bosquet,
Elle fut tout-à-coup surprise
Par un jeune chasseur
qui s'approchant d'elle,
Voulait lui ravir son honneur.   *(bis)*

Tout aussitôt son petit cœur s'éveille :
Monsieur ! que faites-vous donc ici ?
Je ne suis pas de ces jeunes demoiselles
qui sortent des boulevards de Paris,
Allez vous faufiler ailleurs,
Monsieur vous ne connaissez rien,
Partez bien vite, chercher votre demeure,
Allez, allez manger vos lapins.   *(bis)*.

Ce malheureux, accablé de reproches,
Il s'enfuit tout en grimolant,
Et même fait caca dans sa culotte ;
Ce n'était pes trop régallant :
En parcourant dans la plaine,
Il se jetta dans un trou ;
C'est donc ici l'île de Sainte-Hélène,
Adieu ma belle, c'est pour toujours !   *(bis)*.

CHANSON

DÉDIÉE A LA GARDE NATIONALE

AU GÉNÉRAL DE FRANCE.

Air de l'Orphelin des Trois-Jours.

Noble soutien de notre roi de France,
Nous que le trône a choisi pour appui,
La liberté qui règne dans la France,
Par ce flambeau nous guide et nous conduit.
Mes chers amis, que rien ne vous divise,
Et qu'entre nous soient toujours respectés,
De nos drapeaux, se sont les trois couleurs,
Ordre public, tout pour la liberté.

Après l'aigle, vingt du grand monarque ,
Devant le Nord , fuyaient en combattant ;
La nation , loin d'être subjuguée ,
Aurait vaincu l'étranger menaçant
Sous nos lauriers , la trahison sans doute ,
Mais à ces jours , nous devions nous venger ,
Et maintenant, nous sommes pour la France,
Ordre public , tout pour la liberté.   *(bis)*.

Gloire à jamais aux grenadiers de France ,
Ils sont soldats , ils sont pour la patrie ,
Ils ne demandent que la guerre en Rusise ,
Le bonheur serait pour l'aimable patrie ;
Peut-être un jour, nous releverons la gloire
De ce héros qui avait tant de renom ,
Il était brave . il a laissé la couronne ;
C'est le petit du grand Napoléon.   *(bis)*.

TRAIT D'HUMANITÉ

POUR LA GARDE NATIONALE DE PARIS.

Chantons pour nos gardes nationaux ;
C'est d'avoir fait un trait de bienfaisance,
Dans Paris se promenant de nuit,
Faisant leur ronde, trouvant un innoçent
Dans un joli petit berceau.
Et pour eux, quelle surprise ?
De lui voir derrière le dos un joli petit écritau ,
En or massif, et devant deux numéros.   *(bis)*.

Ceci veut dire, ayez toujours bien soin ,
Vous serez récompensés par la suite ;
Pendant six ans , l'on vous sera reconnaissant
De trois mille francs par chaque année suivante.

Un bienfait n'est jamais perdu;
C'était donc le fils d'un prince.
Pour éprouver cette nation,
L'on jettait derrière un caveau,
Et ce joli trait superflu,
Le père en était tout confu.   *(bis)*.

Sur les gazettes, ceci en fera mention.
Dans peu de jours, le nom et même leur âge,
Ils sont inscrits au bureau de Paris,
Ils doivent avoir même une récompence,
Ainsi, messieurs, reconnaissez
Français généreux et sensibles
Et le trait de l'humanité,
Il est tonjours avec fierté,
Il sert son roi et sa patrie,
Il est même soldat pour la vie.   *(bis)*

REGRETS DE NAPOLÉON.

Air : *Il n'est plus.*

Il n'est plus, il n'est plus
D'espoir pour ce grand monarque,
Respectons à jamais
La valeur de tous ces bienfaits,
D'Orléans, peut-être un jour,
Pourra imiter en lui ce qui nous et si cher,
Pour venger la trahison d'avoir divrer Napoléon.
Il n'est plus.   *(bis)*.

Si l'on cherche le carrillon,
Tous les anciens sont comme le petit caporal,
D'Orléans sera le premier,
Son intrépidité trouvera son égal.
    Il n'est plus.   (bis).

La Russie espère qu'un jour avec les Polonais
Seront contre la France ;
Mais si jamais l'on voit cela,
Nous ne croirons pas au maintien de la Charte.
    Il n'est plus.   (bis).

Notre roi ne change rien
De tout ce qui fut promis
Par le vainqueur du monde,
La Charte et la liberté,
De son temps à régné
Sur la terre et sur l'onde.
    Il n'est plus.   (bis).

ROMANCE.

Air de Léonis.

Je revois ma belle amie du primtemps,
Elle est ornée de fleurs ,
Oh! c'est l'amour
Qui nous rassemble,
Moment si doux
Vient nous favoriser.   (bis).

Voilà le jeuue homme qui parle à sa chère et tendreamie, et maintenant la conduit sur le chemin de la liberté.

Viens nous assoire
Sur la verdure,
Nous chanterons
Quelques couplets.
Aimable amante,
Pour toi, mon cœur soupir,
Puis-je conter sur ta fidélité.　　　*(bis).*

C'est la demoiselle qui parle à son tour :
Cher ami, je ne puis te dire ;
Mais le printemps passé n'est plus.
C'est mon cher père qui ne veut
Pas nous unir,
Je ne puis aller contre
Ses volontés.　　　*(bis)*

IMPR. DE BRODARD, LIBRAIRE A COULOMMIERS.